AF509709

# VENTE ET ORDRE

## DE LA

## RARE ET PRÉCIEUSE COLLECTION

## DE. M. LEBRUN.

### ELLE AURA LIEU

Dans sa Galerie, les 20, 21, 22, 23, 24 mars prochain, à six heures précises de relevée.

L'exposition se fera les samedi 17, dimanche 18, et lundi 19 mars, depuis dix heures jusqu'à trois heures, rue du Gros-Chenet, n.º 4, où l'on trouvera les deux volumes publiés sur cette Collection, et ornés de 179 planches, dont le prix est 30 francs papier ordinaire, et 40 en papier vélin.

## PARIS,

M. DCCC. X.

# AVIS.

La Collection rare et extraordinaire que j'ai long-temps exposée aux regards du public devait être, selon mon intention, vendue en totalité ou en grande partie ; mais, n'ayant reçu que des offres partielles, je me détermine à la mettre toute entière en vente publique. La grande quantité des objets majeurs dont elle est composée m'a décidé aussi à faire deux ventes aussi considérables et aussi belles l'une que l'autre : l'on verra dans chacune de leur exposition nombre de beaux ouvrages qui n'ont pas été gravés dans les deux volumes que j'ai publiés, et qui serviront de Catalogue. Je décrirai succinctement les tableaux qui ne se trouvent pas gravés, et ceux qui n'ont pu être exposés faute de place. Je préviens encore le Public que je me suis interdit tout éloge quelconque dans ce que j'ai publié sur cette Collection : c'était au Public à la juger, et à mettre à chaque morceau le prix dont il le trouvait digne.

Je renvoie au surplus les personnes qui désireraient fixer leur opinion, aux articles des journaux ci-après : celui de Paris des 8, 9, et 10 janvier, et du 3 février, le *Moniteur universel* du 8 janvier, les *petites Affiches* du 9 janvier, le *Journal du Commerce* du 7 février, le *Mercure*, etc.

Au moment de la vente, je me permettrai d'annoncer au Public le mérite et la rareté de la plupart des tableaux. J'offrirai aussi une petite collection de bronzes, des émaux, des ivoires, plusieurs belles pierres gravées en creux et en relief, faisant partie de la Collection formée dans mes voyages. J'y ai seulement ajouté deux vases en granit rose d'Égypte, et plusieurs rares morceaux de porcelaines du Japon, pour la variété des goûts et la satisfaction des divers amateurs.

# DISCOURS.

Une longue étude de l'un des premiers arts qui distinguent les peuples policés, des recherches attentives et suivies, un voyage considérable et difficile chez l'étranger, entrepris par cette espèce d'amour qu'inspire toujours ce qui porte le caractère de la perfection, avaient contribué à la formation du cabinet précieux que je me décide à offrir au Public. C'est sans doute avec un vif regret que je me vois forcé de diviser une réunion qui présente dans chacune des principales écoles plusieurs chefs-d'œuvre que le temps ni l'argent ne permettront plus de rassembler. Puissent du moins ces tableaux, recueillis à grands frais, ne point sortir de la France! Puissent-ils servir à rendre à mon pays ce qu'il a perdu, faire naître des amateurs et reparaître ces temps où tant de cabinets divers faisaient de Paris la rivale de la capitale du monde!

Je me rappelle encore les différens monarques, l'empereur d'Autriche, le roi de Suède, le roi de Danemarck, qui allèrent visiter et ad-

mirer ces précieuses collections des ducs d'Or-
léans, de Penthièvre, du comte d'Artois, du
prince de Monaco, des ducs de Brissac, de
Bouillon, de Noailles, de messieurs Boisette,
de Saint Foy, de Poullain, de Gagny, de Ca-
lonne, et de Vaudreuil. Le prélat, alors, le ma-
gistrat, le financier, l'artiste, chacun s'enviait
le bonheur et le mérite de posséder un tableau
remarquable d'un grand maître.

En effet, est-il une plus noble et plus douce
jouissance pour l'homme instruit que celle des
productions d'un art admirable, qui, en un
moment, nous met sous les yeux les fastes de
l'histoire, nous rend vivans en quelque sorte
les poèmes d'Homère, de Virgile, d'Ovide et
du Tasse; qui nous représente ici Alexandre
consolant la famille de Darius, là Didon sur
son bûcher, ailleurs le grand Napoléon en-
touré des héros qui ont vaincu par son génie;
et s'exerçant sur des sujets plus austères, nous
peint Dieu dans toute sa puissance, le Christ
dans ses miracles et dans ses souffrances, les
Bienheureux dans leur gloire et leurs jouis-
sances ineffables; qui nous retrace le dévoue-
ment, le courage et les vertus de nos aïeux,

dans les Bayard, les Condé, les Turenne, les Crillon, les Coligny, les Molé, et les Sully. Cet art, grâce à sa parfaite imitation, nous console de la perte de nos parens, de nos amis les plus chers ; nous sommes encore avec eux pendant leur absence et après leur mort. Il fut honoré par tous les grands hommes ; pour lui, Alexandre cède sa maîtresse ; Charles-Quint ramasse le pinceau du Titien ; Léonard de Vinci expire dans les bras de François premier. C'est la langue universelle des peuples ; il nous instruit de leurs mœurs, de leurs usages, de leurs costumes ; il nous offre le grand tableau de la nature, rapproche et met sous nos yeux les pays les plus éloignés, nous réjouit ; nous amuse des scènes populaires, nous fait respirer l'air d'une fraîche matinée, ou bien nous place sous les feux du midi ou sur les glaces du nord. Non, j'ose le dire, en regrettant qu'une plume plus exercée que la mienne ne rende pas ce que je sens, non il n'est point d'art qui l'emporte sur la peinture.

Et dès-lors quel plus heureux emploi peut-on faire de sa fortune, qu'en se donnant la satisfaction et le loisir de former un cabinet ?

Là tout est jouissance, les tableaux, comme les livres, sont des amis qui nous égaient, et en nous offrant des plaisirs toujours purs, devenant même pour nous une source d'économie, ne nous trompent jamais.

# ORDRE

# DE LA VENTE.

## PREMIÈRE VACATION.

*Du mardi 20 mars 1810.*

Depuis le N.° 1 jusques et compris le N.° 57.

TABLEAUX DE TOUTES LES ÉCOLES, ET BRONZES.

*Anciens Bronzes antiques, florentins, et autres.*

N.os

1. Une Diane. — — — — — — — — — *15" 50 puillet*

          *Idem.*

2. Le Bœuf Apis. — — — — — *12 - 50 jlince*

          *Idem.*

3. Deux petits Bas-reliefs. — — — — *6 - perinion*

          *Idem.*

4. Une statue de Silène. — — — — *16 - lafontaine*

          *Idem.*

5. Un Centaure assailli par un lion. - *15 - Crespiny*

          *Idem.*

6. Un groupe de Vénus et d'Adonis. *26 - puillet*

          *Bronzes dorés.*

7. Vénus et l'Amour. — — — *42 - paillet*

          *Idem.*

8. Amphitrite. — — — — — — *24 le Brun*

*Idem.*

9. Un jeune Sacrificateur.

*Idem.*

10. Une figure équestre.

*Idem.*

11. Une urne avec masque et anse.

*Idem.*

12. Le groupe du Laocoon, petit modèle.

*Idem.*

13. La Nymphe endormie, dite *Cléopâtre.*

*Tableaux de diverses Ecoles.*

BARTHÉLEMI DE SAINT-MARC. N.° 179, *Notice.*

14. L'esquisse du St. Marc du Musée ; sur cuivre.

SUBLEYRAS. N.° 223, *Notice.*

15. Un Paysage, Bâtimens et Figures ; sur toile.

PIERRE-FRANÇOIS MOLLA. N.° 197, *Notice.*

16. S. François en méditation ; sur cuivre.

LUCAS JORDANE. N.° 202, *Notice.*

17. La Vierge et l'Enfant ; sur toile.

J. DE HEEM. N.° 212, *Notice.*

18. Des Fruits et des Fleurs ; sur toile.

CRESPI. N.° 200, *Notice.*

19. Moïse trouvé sur les eaux ; petit tableau sur toile.

JEAN-BAPTISTE TIÉPOLO. N.° 37, gravé, tome 1.

20. La Piscine, composition de 18 figures.

ALEXAND. VÉRONÈSE, dit L'ORBETTO. N.° 184, *Notice.*

21. Le Petit Jésus endormi ; sur marbre noir.

VALLERIO CASTELLI.

22. La Vierge, Jésus et S. Joseph, auprès desquels l'on remarque trois anges; petit tableau sur toile, en hauteur.

PAUL BRIL. N.º 143, gravé, t. 2.

23. Un Paysage orné de Figures; sur toile.

LE GUIDE. N.º 90, gravé, t. 1.

24. S. Sébastien à terre, au pied d'un arbre; sur toile.

SNEYDERS.

25. Un Combat de coqs et de poules; sur toile.

BARTHÉLEMI SCHIDONE. N.º 86, gravé, t. 1.

26. Deux petits Amours jouant avec des fruits; sur bois.

LE GÉORGION. N.º 20, t. 1.

27. Un trait de la vie de Gil-Blas; sur toile.

LE GUIDE. N.º 91, gravé, tome 1.

28. La Magdeleine en lecture, fig. à mi-corps, grandeur naturelle; sur toile.

LE PADOUAN. N.º 186, *Notice.*

29. Une femme à sa toilette, vue en buste.

RAPHAEL MENGS. N.º 219, *Notice.*

30. Deux Dessins à la pierre noire et blanche; sur papier gris.

LE GUERCHIN. N.º 14, gravé, tome 1.

31. S. Jean Baptiste, vu en buste, grandeur naturelle, à mi-corps; sur toile.

LE JOSEPIN. N.º 119, gravé, tome 2.

32. Un Satyre faisant un présent à une Nymphe au bain, composition de six figures; sur toile.

SÉBASTIEN DEL PIOMBO. N.º 22, gravé, t. 1.

33. Cinq figures cariatides placées entre des pilastres ; sur bois.

FRÉDÉRIC MOUCHERON. N.º 158, gravé, t. 2.

34. Un Paysage enrichi de figures, par Linghel-Bac ; sur toile.

LE BENEDETTE. N.º 127, gravé, tome 2.

35. Jupiter et Io surpris par Junon ; sur toile.

ANDRÉ DEL SARTO. N.º 6, gravé, tome 1.

36. Deux Evangélistes ; sur bois.

GASPRE DU GHET, dit GUASPRE POUSSIN. N. 52, gr. t. 1.

37. Un Paysage.

AUGUSTIN CARACHE. N. 77, gravé, tome 1.

38. La Vierge, l'Enfant Jésus, et le petit S. Jean ; sur cuivre.

CARLE MARATTE. N.º 56, gravé, tome 1.

39. L'Assomption de la Vierge, 10 figures.

ANDRÉ DEL SARTO. N. 6 *bis*, gravé, tome 1.

40. Une femme vue en buste, la tête retournée sur l'épaule ; sur bois.

LIMBOURG, disciple du célèbre VAN-DER VERFF.

41. L'Amour venant emprunter la ceinture de Vénus pour Junon ; riche composition de sept figures, dont Minerve, Jupiter, Mercure et Vulcain ; moyen tableau sur bois.

CARLO DOLCI.

42. Ste. Rose adorant le Sauveur, sous la forme de rose que lui présente un ange de proportion naturelle ; sur toile.

GEORGES VASARI. N. 9, gravé, tome 1.er

43. Ste. Catherine, vue à mi-corps, proportion naturelle;
sur bois.

FRANÇOIS ALBANE. N.º 103, gravé, tome 1.

44. La Vierge tenant l'Enfant Jésus, vue à mi-corps; sur
cuivre.

LE BOLOGNÈSE. N.º 115, gravé, tome 1.

45. Un riche Paysage orné de figures; sur toile.

JEAN-BAPTISTE PIAZZETA. N.º 36, grav. tom. 1.

46. Un Chasseur près d'une femme endormie, tous deux
vus à mi-corps.

HERMANN SWANEVELT. N. 156, grav. tom. 2.

47. Un vaste Paysage offrant sur le devant Europe et
ses compagnes; sur toile.

ALEXANDRE TIARINI. N.º 97, grav. tom. 1.

48. Ste. Romaine en prière.

CLAUDE GELÉE, dit LE LORRAIN. N.º 171, gr. t. 2.

49. Une Vue de la ville de Venise; sur toile.

PAUL VÉRONÈSE. N.º 28, gravé, tome 1.

50. Le Christ portant sa croix, Ste. Véronique, et Joseph
d'Arimathie.

JEAN VANDER HEYDEN. N.º 161, grav. tom. 2.

51. La Vue d'une porte de Ville, enrichie de figures et
d'animaux par *Adrien Vanden Velde*; sur bois.

SCARCELLINO DE FERRARE.

52. La Vierge, vue jusqu'aux genoux, tenant l'Enfant
Jésus dans ses bras; petit tableau sur bois.

PIERRE PATELLE.

53. Les Ruines d'un magnifique palais, environnées de
masses d'arbres, montagnes, rivières et lointains;
sur toile.

CARLO DOLCI. N.° 181, *Notice.*

54. La Vierge, vue en buste ; sur bois.

ESTEBAN MURILLO. N.°ˢ 139 et 140, gravés, t. 2.

55 Deux Paysages ornés de fig. et d'animaux ; sur toile.

LE DOMINICAIN. N.° 109, gravé, tome 1.

56. Un Paysage orné de figures ; sur toile.

REMBRANDT. N.° 153, gravé, tome 2.

57. Un grand Buste d'homme à cheveux et barbe courte ; sur toile.

---

## DEUXIÈME VACATION.

*Du mercredi 21 mars.*

Depuis le N.° 58 jusques et compris le N.° 111.

---

TABLEAUX DE TOUTES LES ÉCOLES, ET BRONZES.

*Bronzes.*

58. Une statue de S. Sébastien, par Michel-Ange.

*Idem.*

59. Une statue pédestre d'Empereur, fracturée, bronze antique.

*Idem.*

60. Une figure de la Victoire.

MICHEL-ANGE.

61. La Femme couchée du tombeau des Médicis.

CRESPI. N.° 199, *Notice.*

62. L'Innocence, représentée par une jeune fille et son agneau ; sur toile.

*Bronze.*

63. Une Femme assise, représentant l'Agriculture.

LE BASSAN. N.º 182, *Notice.*

64. La Magdeleine en prière, vue à mi-corps; sur bois.

J.-B. TIÉPOLO. N.º 38, gravé, t. 1.

65. L'Esquisse arrêtée d'un plafond allégorique à la gloire d'un héros; sur toile.

*Bronze.*

66. Deux Statues pédestres sur leurs piédestaux.

PORBUS.

67. Le Portrait d'un Guise, figure en pied, peint sur cuivre; petit tableau.

SALVIATI. N.º 180, *Notice.*

68. Sainte Catherine, de forme ovale; sur bois.

JEAN-ANDRÉ SIRANI. N.º 196, *Notice.*

69. Dalila, vue en buste, proportion naturelle; sur toile.

SÉBASTIEN BOURDON.

70. Céphale voulant éprouver Procris, composition riche, de moyenne grandeur, en rond; sur toile.

JEAN DE BOULOGNE.

71. Deux figures de Femmes couchées, propres à décorer un fronton ou ceintre de pendule.

*Idem.*

71 Deux autres, de même genre.

LE TITIEN.

72. Un Jeune Homme vêtu de noir, habillement boutonné, la tête couverte d'une toque, pouvant servir de pendant au N.º    , de proportion naturelle, vu en buste; sur toile.

*Bronzes antiques.*

120ᵗ
*le Brun*

73. Une tête, de proportion naturelle, que l'on croit être le buste de Virgile.

LE CHEVALIER VOLLAIRE. N.º 203, *Notice.*

124 -
*chevallier*

74. Une Vue de mer, où l'on fait la pêche du thon; sur toile.

GUASPRE POUSSIN. N.º 50, gravé, t. 1.

240 -
*le Brun*

75. Un Paysage, et Figures de Nicolas Poussin.

KAREL DU JARDIN. N.º 215, *Notice.*

107 -
*la fontaine*

76. Le Portrait d'un officier, de proportion naturelle, vu en buste; toile collée sur bois.

JEAN-FRANÇOIS ROMANELLI. N.º 54, gravé, t. 1.

300 -
*loneuville*

77. La Vierge, l'Enfant Jésus et S. Jean.

AUGUSTIN CARACHE. N.º 78, gravé, t. 1.

302
*la fontaine*

78. Le Portrait d'un Chanoine, proportion naturelle, à mi-corps; sur toile.

DENIS CALVART, dit LE FIAMINGO. N.º 144, gravé, t. 2.

400 -
*jeune*

79. Un Rosaire, composition de huit figures; sur cuivre.

VAN OOST. N.º 200, *Notice.*

251 -
*fouliard*

80. Un Jeune Homme, vu en buste, proportion naturelle; sur toile.

*Idem.* N.º 211.

270
*jeume*

81. Un homme portant barbe, pouvant servir de pendant; sur toile.

SALVATOR ROSA. N.º 123, gravé, t. 1.

305 -
*le noire*

82. S. Jean prêchant dans le Désert; sur toile.

*Idem.* N.º 124, gravé, t. 2.

270
*chevalier*

83. Une Anse de Rocher, ou Port de mer orné de pêcheurs; sur toile.

ANGIOLO ALLORI, dit LE BRONZINO. N.º 5, gravé, t. 1.

84. Une Femme assise dans un fauteuil, tenant son chien sous son bras ; sur bois.

CLAUDE GELÉE, dit LE LORRAIN. N.º 173, t. 2.

85. Un Paysage orné de figures et d'animaux ; sur toile.

DON DIEGO VELASQUEZ DE SILVA. N.º 133, gravé, t. 2.

86. Le Portrait d'un Cardinal, vu en buste ; sur toile.

SCARSELLINO DE FERARARE. N.º 183, *Notice.*

87. Le Mariage de sainte Catherine, composition de six figures ; sur bois.

GÉRARD DE LAIRESSE. N.º 163, gravé, t. 2.

88. Le Départ d'Adonis pour la chasse, figures vues jusqu'aux genoux ; sur toile.

M.lle GÉRARD. N.º 178, gravé, t. 2.

89. Le Triomphe de Raton ; sur toile.

*Bronze florentin.*

90. Un Génie ailé, tenant une corne d'abondance ; grand bronze capital.

DON DIEGO VELASQUEZ, N.º 131, gravé, t. 2.

91. Un jeune Chasseur, vu en pied ; sur toile.

JEAN WYNANTS. N.º 154, gravé, t. 2.

92. Un Paysage enrichi de Figures et d'Animaux, par Adrien Vanden Welde ; sur toile.

JACQUES CAVEDON. N.º 93, gravé, t. 1.

93. La chaste Suzanne et les Vieillards, figures en pied, demi-naturelles ; sur toile.

CRESPI. N.º 116, gravé, t. 1.

94. Deux Tonneliers occupés dans un cellier ; sur toile.

PALME LE VIEUX. N.º 31, gravé, t. 1.

95. Divers Saints auprès de la Sainte Famille, composition de huit figures.

NICOLAS BERCHEM. N.º 157, gravé, t. 2.

96. Un Paysage enrichi de Figures et d'Animaux; sur bois.

LE GUIDE. N.º 89, gravé, t. 1.

97. Vénus et l'Amour, figures de proportion naturelle, à mi-corps; sur toile.

GUASPRE POUSSIN. N.º 49, gravé, t. 1.

98. Un Paysage et Marine; sur toile.

ALEXANDRE VÉRONÈSE. N.º 33, gravé, t. 1.

99. Le Jugement de Pâris; sur cuivre.

JACQUES DA PONTE, dit LE BASSAN. N.º 25, gravé, t. 1.

100. Le Portrait d'un Homme assis devant une table; sur toile.

JÉRÔME MAZZIOLI. N.º 69, gravé, t. 1.

101. La Magdeleine portant des parfums; sur bois.

BARTHÉLEMI SCHIDONE. N.º 87, gravé, t. 1.

102. L'Espérance, proportion naturelle, à mi-corps; sur toile.

LÉONARD DE VINCI. N.º 2, gravé, t. 1.

103. Le Christ, vu en buste avec mains; sur bois.

ANTOINE CARACHE. N.º 110, gravé, t. 1.

104. L'Ecce-Homo, composition de treize figures; sur toile.

LE TITIEN. N.º 18, gravé, t. 1.

105. Un Fauconnier, vu jusqu'aux genoux, et la tête de son chien; sur toile.

LE GUERCHIN. N.º 113, gravé, t. 1.

106. Sainte Marie Égyptienne, et une Compagne, figures de grandeur naturelle, à mi-corps; sur toile.

FRANÇOIS ALBANE. N.º 99, gravé, t. 1.

107. Adam et Ève chassés du Paradis terrestre; sur toile.

JEAN-FRANÇOIS PENNI, dit LE FATTORE. N.º 7, gr., t. 1.

108. Un Jeune Militaire en faction, vu à mi-corps; sur bois.

JACQUES RUYSDAAL et ADRIEN VANDENVELDE.
N.º 159, gravé, t. 2.

109. Un Paysage enrichi de Masures et Rivière; sur toile.

ANTOINE CORRÉGE. N.º 62, gravé, t. 1.

110. Deux Têtes, Sainte Agnès et Sainte Catherine; sur bois.

L. CARACHE. N.º 72, gravé, t. 1.

111. Le Christ porté au cercueil par Joseph d'Arimathie; sur cuivre.

---

## TROISIÈME VACATION.

*Du jeudi 22 mars.*

Depuis le N.º 112 jusques et compris le N.º 165.

---

IVOIRES, ÉMAUX, TABLEAUX DE DIVERSES ÉCOLES,
VASES DE GRANITS, PORCELAINES RARES, etc.

### Ivoire.

*Sculpture en ivoire.*

112. Une Esclave. Pose en forme de cariatide. Morceau exécuté par un habile maître.

*Idem.*

113. Un bas-relief en médaillon, représentant Hercule et Omphale, exécuté d'après Annibal Carache.

*Email de Limoges.*

114. Une petite Aiguière, enrichie d'ornemens, dorée, d'une belle conservation.

*Idem.*

115. S. Jean dans le Désert, montrant le Sauveur; encadré de pierres précieuses, en lapis vert antique et jaune, jaspe et marbre noir.


*Tableaux de diverses Ecoles.*


GRIMOUX.

116. Un jeune Berger assis, jouant de la flûte; sur toile.

DONATO CRETI.

117. Un jeune Garçon endormi, vu par le dos; petit tableau sur toile.

*Émaux de Limoges.*

118. François I.er vu à mi-corps avec mains, de forme ovale. Au revers, l'on voit la Salamandre et la Couronne, etc. Cet émail, exécuté par Landin en 1543, est un des plus beaux morceaux en ce genre.

SIMON DE PESARO. N. 198, *Notice.*

119. La Vierge dans la douleur, les mains jointes, vue à mi-corps; sur cuivre.

JOSEPH-MARIA CRESPI.

120. Bacchus élevé par les Corybantes; composition de huit figures de moyenne grandeur; sur toile.

MARZIO MASTURZO, élève de SALVATOR.

121. La vue d'un riche Paysage, où l'on remarque sur

le devant un Cavalier ; plus loin derrière un Pont
une Chaumière où l'on voit des femmes qui blan-
chissent, des masses d'arbres et des montagnes ;
sur toile.

### GUIDO CAGNACCI.

122. Une jeune Fille tenant son voile, vue en buste de
grandeur naturelle ; sur toile.

### FRÉDÉRIC BAROCHE. N.º 44, gravé, tome 1.

123. Saint François à mi-corps.

### GÉRARD TERBURG. N.º 213, *Notice.*

124. Un Capucin soignant un malade dans un hospice ;
sur bois.

### RAPHAEL MENGS. N.º 218, *Notice.*

125. Le portrait d'une jeune Dame anglaise, dont les
ajustemens ne sont pas finis ; sur bois.

### *Porcelaines, lapis du Japon.*

126. Un vase, forme d'œuf, enrichi de trois consoles à
tête de femme en bronze doré.

### DON DIEGO VELASQUEZ DE SILVA. N.º 15, gravé, t. 2.

127. Elie et Elisée dans le Désert, sur toile.

### LE PADOUANINO. N.º 185, *Notice.*

128. Renaud et Armide ; sur toile.

### *Peintures en émail.*

129. Neuf différens sujets de l'Ancien Testament et de
la vie de Jésus-Christ, d'après Nicolas Poussin,
Nicolas Loir, etc., précieusement exécuté en petit.
Nous regrettons de n'en pas connaître l'auteur ;
le tout réuni et encadré de bordures en bronze
doré.

### NICOLAS POUSSIN. N.º 169, gravé, tome 2.

130. Danaé recevant Jupiter en pluie d'or ; sur toile.

LE TINTORET. N.º 187, *Notice.*

131. La Résurrection, petit du grand de l'Hôpital Saint-Roch à Venise ; sur cuivre.

Don DIEGO VELASQUEZ. N.º 204, *Notice.*

132. Le portrait de Philippe III, roi d'Espagne, de forme ovale ; sur toile.

*Albâtre de France.*

133. Deux vases servant de candélabres à tiges de fleurs-de-lis, portant trois bougies ; le tout en bronze doré d'or moulu.

CLAUDE LEFEVRE. N.º 174, gravé, t. 2.

134. Un Précepteur avec son Disciple, vus à mi-corps, grandeur naturelle ; sur toile.

FRANÇOIS LEMOINE, N.º 175. gravé, t. 2.

135. L'Enlèvement d'Europe, composition de huit figures ; sur toile.

CRESPI. N.º 117, gravé, t. 1.

136. Une jeune Fille dans son intérieur avec sa suivante et deux jeunes Garçons près de la porte, qui les observe ; tableau sur cuivre.

JACQUES TINTORET. N.º 16, gravé, t. 1.

137. La Samaritaine ; sur toile.

JACQUES VAN OOST LE VIEUX. N.º 147, t. 2.

138. Un jeune Homme vu de profil, gr. buste ; sur toile.

JACQUES VAN OOST LE VIEUX. N.º 148.

139. Un homme à barbe, vu en buste de dimension naturelle ; sur toile.

GUASPRE et PHILIPPE LAURI. N.º 51, gravé, t. 1.

140. Un Paysage orné de cinq figures ; sur toile.

LE PADOUANINO. N.º 30, gravé, t. 1.

141. La Vierge, l'Enfant Jésus, et S. Jérôme.

FRANÇOIS ALBANE. N.º 100, gravé, t. 1.

142. La Nativité, composition de douze figures, sur marbre noir, ovale en travers.

VANDER-MEER, de Delfet. N.º 166, gravé, t. 2.

143. Une jeune Femme comptant avec sa domestique; figures vues à mi-corps ; sur toile.

GHIRLANDAZO.

144. La Vierge, vue à mi-corps, tenant l'Enfant Jésus assis devant elle; sur bois.

ALEXANDRE TIARINI. N.º 96, gravé, t. 1.

145. La Vierge, Jésus, Saint Jean, et plusieurs Saints; sur cuivre.

ANTOINE CORRÉGE. N.º 61, gravé, t. 1.

146. Le Christ mort, sur les genoux de la Vierge, près de son tombeau ; sur bois.

ANTOINE VAN-DYCK. N.º 145, gravé, t. 2.

147. Un Portrait d'homme, vu en pied, vêtu de noir; sur toile.

DON DIEGO VELASQUEZ. N.º 132, gravé, t. 2.

148. Le portrait d'Innocent X; sur toile.

ALEXANDRE VÉRONÈSE. N.º 34, gravé, t. 1.

149. Judith se disposant à couper la tête d'Olopherne.

*Porcelaines d'ancien Japon.*

150. Deux Aigles en regard, placés sur des pieds en bronze doré au mat. ( Vente Boisset, n.º 555, vendu 1,100 francs).

FRANÇOIS SALVIATI. N.º 8, gravé, t. 1.

151. La Vierge, Ste. Anne, Jésus, S. Jean et un Saint; sur bois.

LE GUIDE. N.º 195, *Notice.*

152. Un Enfant tenant une pomme, vu à mi corps; sur bois.

LOUIS CARACHE. N.º 75, gravé, t. 1.

153. Le Christ mort, composit. de 4 figures; sur toile.

CARLO DOLCI. N. 12, gravé, t. 1.

154. L'Assomption de la Vierge; sur toile, à 8 pans.

*Porcelaines de Perse.*

155. Deux beaux Vases fond rouge jaspe, richement garnis de collet, d'anse et pieds en bronze doré.

JEAN BELLIN. N.º 115, gravé, t. 1.

156. La Vierge, vue jusqu'aux genoux, tenant l'Enfant; sur bois.

LUCAS JORDANE. N.º 125, gravé, t. 2.

157. Le Christ mort; sur toile.

A. R. MENGS.

158. Le Parnasse, composition de 11 figures; petit tableau qui a servi à l'exécution du grand qui est à la Ville Albanne à Rome, et qui a servi à faire la belle estampe qu'en a gravée Morghen; sur bois. Il sort du cabinet du chevalier d'Azara, cité pag. 95 du tom. 2.

FRANÇOIS PARMESAN. N.º 68, gravé, t. 1.

159. Circé; sur bois.

JACQUES RUISDAAL. N.º 160, gravé, t. 2.

160. Une Forêt; sur toile.

BARTHÉLEMI SCHEDONE. N.º 85, gravé, t. 1.

161. S. Jean dans le désert, montrant le vrai Sauveur; sur toile.

### *Granit rose d'Égypte.*

162. Deux très-beaux vases, forme d'œuf, élevés et évidés, de la plus riche couleur, garnis de bronze de la plus belle exécution, dorés au mat, par Gonthier. Ils viennent du précieux cabinet de Boisset, n.º 453 de sa vente, et adjugés à 2,000 francs.

JEAN CIMABUE. N.º 1, gravé, t. 1.

163. Une jeune fille à mi-corps, vue de profil; sur bois.

LE DOMINICAIN. N.º 105, gravé, t. 1.

164. Le Massacre des Innocens, composition de 22 fig. ; sur toile, à huit pans en travers.

*Idem.* N. 106, gravé, t. 1.

165. Les Vendeurs chassés du Temple, composition de dix figures; sur toile, à huit pans.

---

## QUATRIÈME VACATION.

### *Du vendredi 23 mars.*

Depuis le N.º 166 jusques et compris le N.º 217.

---

PIERRES GRAVÉES, ET TABLEAUX DE DIVERSES ÉCOLES.

*Pierres gravées, antiques et modernes, en creux et en relief, et Tableaux de diverses écoles.*

66. Un Cheval gravé sur cornaline sardoine. - - - -

*Idem.*

67. Une Chimère à plusieurs faces.

68. Un Onyx sardoine sur couche de blanc mat, gravé d'une tête de femme antique.

CARLO CIGNANI.

*31 - -*
*Rivière*

169. La Vierge en lecture, petit tableau ovale ; sur cuivre.

*Sardoine antique.*

*25 - -*
*R. Histoire*

170. Diomède qui enlève le Palladium.

MARIE PIERRE.

*50 - -*
*Chevalier*

171. Des Naïades et des Fleuves, de forme ovale en revers.

*Bagues.*

*130*
*Le Rouge*

172. Un bel Onyx à quatre et cinq couches de couleurs bien tranchantes de sardoine d'un beau blanc, grand CABOCHON.

*Idem.*

*110*
*Lenoire*

173. Un autre un peu plus petit, et de même genre.

D. THIÉRI VAN BERGHEN.

*92 -*
*cotte*

174. Deux petits Tableaux, l'un composé d'un Pâtre et de douze Animaux ; l'autre d'une Jeune Fille et d'un Pâtre, et d'onze Animaux : sur toile.

DON DIEGO VELASQUEZ.

*77 -*
*Laneuville*

175. La Femme de Philippe IV, reine d'Espagne, vue en buste, de grandeur naturelle ; sur toile.

*Idem antique.*

*26 - 5*
*pr Louis*

176. Un Oiseau venant pour becqueter un œuf.

TIEPOLO. N.º 189, *Notice.*

*76*
*Langlier*

177. La Femme Adultère ; sur toile.

TITIEN.

*130*
*Laneuville*

178. Le Portrait d'un homme vêtu de noir, portant longue barbe, vu en buste, grandeur naturelle ; sur toile.

*Pierre antique.*

*196.*
*R. Histoire*

179. Priam faisant enlever le corps d'Hector, composition

de quatre figures; pierre rare et précieuse sous le
rapport de la matière, du travail et du sujet.

TIEPOLO. N.º 188, *Notice.*

180. La Mort de Didon; sur toile.

PIETRO LUCATELLI. N.º 57.

181. Une Vue de la Grotte de Tivoli.

LOUIS CARACHE. N.º 192, *Notice.*

182. Saint Charles, vu en buste; sur toile.

JACQUES CAVEDON. N.º 94, gravé, t. 1.

183. La Chaste Suzanne et les Vieillards, vus à mi-
corps; sur toile.

M. le baron DAVID. N.º 176, gravé, t. 2.

184. Un Philosophe; sur toile.

PIERRE NEEFS. N.º 205, *Notice.*

185. Deux Tableaux : l'un représente la vue d'une Ca-
thédrale éclairée de jour; l'autre la vue d'une Pri-
son souterraine éclairée de nuit : sur bois.

RAPHAEL MENGS. N.º 217, *Notice.*

186. Le Portrait de Vilkelmann, gravé à la tête de ses
œuvres, de la collection d'Azara; sur toile.

SUBLEIRAS. N.º 221, *Notice.*

187. Un Hôpital de Malades, et le Christ apparaissant
à Sainte Thérèse; sur toile.

LOUIS CARACHE. N.º 76, gravé, t. 1.

188. Le Denier de César, composition de six figures;
sur cuivre.

VAN OOST. N.º 208—209, *Notice.*

189. Deux Tableaux : l'un représente un Pellerin, et
l'autre un Buveur à mi-corps; sur toile.

Schedone. N.° 194, *Notice.*

190. Le Buste d'une jeune Fille ; sur bois, de forme ronde.

Jean Jouvenet.

191. Le P. Bourdaloue, figure de grandeur naturelle, vu en buste, et vêtu de noir ; sur toile.

Jean d'Udine. N.° 23, gravé, t. 1.

192. Treize petits Amours occupés à jouer ; sur bois.

Le Gorgion. N.° 19, gravé, t. 1.

193. Portrait d'un Guerrier, vu jusqu'aux genoux ; sur toile.

Le Guerchin. N.° 112, gravé, t. 1.

194. Saint Laurent en prière devant la Vierge et l'Enfant ; sur toile.

Gérard de Lairesse. N.° 164, gravé, t. 2.

195. Le Triomphe de Flore, plafond ; sur toile.

Jean-Paul Panini. N.° 118, gravé, t. 1.

196. La Cérémonie de la Porte Sainte, sous le vestibule de S. Pierre, à Rome ; sur toile.

197. L'Eglise S. Jean-de-Latran, où l'on voit la cérémonie de la Rose ; sur toile.

Raphael Mengs. N.° 168, gravé, t. 2.

198. L'Adoration des Bergers, composition de dix sept figures, grisaille du grand tableau qui est au Palais de Madrid ; sur toile.

Carlo Dolci. N.° 13, gravé, t. 1.

199. S. Louis de Bavière ; sur toile, à huit pans.

Alexandre Tiarini., N.° 95, gravé, t. 1.

200. Joseph descendu dans la citerne par ses frères ; sur toile.

FRANÇOIS ALBANE. N.ᵒˢ 101 et 102, gravés, t. 1.

201. Le Retour d'Egypte, et S. Jean montrant le vrai Dieu ; sur cuivre.

PAUL VÉRONÈSE. N.º 29, gravé, t. 1.

202. Portrait d'un célèbre Antiquaire.

ALEXANDRE VÉRONÈSE. N.º 35, gravé, t. 1.

203. Le Christ au Sépulcre, composition de huit figures ; sur marbre noir.

JEAN-FRANÇOIS ROMANELLI. N.º 53, gravé, t. 1.

204. L'Adoration des Bergers, composition de douze figures ; sur toile.

FRANÇOIS PARMESAN. N.º 67, gravé, t. 1.

205. S. Jean l'Evangéliste ; sur bois.

*Camée exécuté à Rome, par* XVERIA.

206. La Tête de Méduse vue de profil et en buste, sculptée sur un très-bel onyx à cinq couches, de dix-huit lignes sur douze, propre à faire un beau dessus de boîte, médaillon, agrasse de ceinture ou de cheveux, dans sa bordure en or avec anneau.

JULES ROMAIN. N.º 42-43.

207. Deux Tableaux composés chacun de deux Enfans, représentant le Printemps et l'Automne.

THIERRI VALKENBURG. N.º 216, *Notice.*

208. Des Perdrix et Gibier morts ; sur toile.

BENEVENUTO GAROFALO. N.º 4, gravé, t. 1.

209. La Samaritaine ; sur bois.

GASPRE POUSSIN. N.º 48, gravé, t. 1.

210. Un Paysage, sur toile.

PIETRE DE CORTONE. N.º 10, gravé, t. 1.

211. L'Adoration des Bergers ; sur toile.

Annibal Carache. N.º 82-83, gravés, t. 1.

212. Deux Paysages ornés de Figures; sur toile.

Bernard Strozzi, dit le Capucin. N.º 126, gravé, t. 2.

213. La Peinture, la Sculpture et l'Architecture, grandeur naturelle, à mi-corps.

David Téniers. N.º 149, gravé, t. 2.

214. Les Œuvres de Miséricorde; sur cuivre.

Clodio Coello. N.º 142, gravé, t. 2.

215. S. Pierre d'Alcantara avec un de ses compagnons; sur toile.

David Téniers. N.º 151, gravé, t. 2.

216. Le Couronnement d'Epines, composition de huit Figures; sur cuivre.

Salvator Rosa. N.º 121, gravé, t. 2.

217. Un Paysage orné de Soldats; sur toile.

## CINQUIÈME VACATION.

*Du Samedi 24 mars.*

Depuis le N.º 218 jusques et compris le N. 261.

TABLEAUX DE DIVERSES ÉCOLES.

218. Dix Cadres et autres petits portraits qui seront vendus par lots lors des vacations; le tout formant une suite curieuse venant du palais Ricardi, à Florence.

Martin des Goblin.

219. Le siége de la ville de Mastrecht.

### P. F. MOLA.

220. Saint Jean dans le Désert, composition de cinq
figures ; sur toile.

### LAHIRE.

221. Un Paysage orné de Ruines, Montagnes, Masses
de paysages, Figures et Bestiaux ; sur toile.

### N. POUSSIN. N.º 220, *Notice.*

222. Un Paysage où l'on remarque deux Pâtres ; sur toile.

### FERDINAND BOL. N.º 214, *Notice.*

223. Une vieille Femme dans l'intérieur de sa cuisine ;
sur toile.

### FRÉDERIC ZUCCARO. N.º 191, *Notice.*

224. La Résurrection ; sur toile.

### JEAN BREUGHEL et RUBENS. N.º 207, *Notice.*

225. La Vue intérieure d'un beau Jardin, où l'on voit
une Femme au bain ; sur toile.

### DOMINIQUE FÉTI. N.º 45.

226. L'Echelle de Jacob.

### GARAFALLO.

227. Saint Sébastien au moment d'être flagellé, composition de trois figures ; très-petit tableau sur bois.

### ANTOINE VANDICK.

228. Un jeune Pâtre jouant de la flûte, vu de profil à
mi-corps, de grandeur naturelle ; sur toile.

### JEAN GRISOLFI, élève de SALVATOR.

229. Deux tableaux représentant deux Anses de mer à
travers des rochers, enrichis de Figures et d'Animaux ; sur toile.

### JOSEPIN, N.º 201, *Notice.*

230. Le Christ au jardin des Olives ; sur cuivre.

ANTOINE CANALLE.

231. Vue de la ville et du port de Venise; effet de nuit le jour de la fête de S. Marc, toute illuminée; sur toile.

AUGUSTIN CARACHE. N.º 193, *Notice.*

232. La Prudence, figure de grandeur naturelle, vue à mi-corps, pendant de l'Espérance du *Schidone*; sur toile.

ANTOINE CANALETTO. N.º 190, *Notice.*

233. Deux Vues de Venise, l'une du Pont Réalto, et celle de l'Eglise Saint-Paul; sur toile.

CAMILLE PROCACCINI. N.º 70, gravé, t. 1.

234. La Nativité, au moment de l'Adoration des Anges; sur cuivre.

PALME LE JEUNE. N.º 32.

235. La Cène, composition de quinze figures.

FRANÇOIS ALBANE. N.º 104, gravé, t. 1.

236. La Vierge en contemplation, vue en buste, grandeur naturelle; sur toile.

PIETRO LUCATELLI. N.º 58 — 59.

237. Deux Paysages aussi beaux qu'agréables.

JACQUES DA PONTE, dit LE BASSAN. N.º 24, gr., t. 1.

238. L'Adoration des Bergers; sur toile.

RAPHAEL MENGS. N.º 167, gravé, t. 2.

239. Une Nativité; sur bois.

SIMON DE VLIEGES. N.º 155, gravé, t. 2.

240. Une Mer calme; sur toile.

FRANÇOIS ALBANE. N.º 98, gravé, t. 1.

241. La Vocation de Saint Pierre, composition de trois figures; sur cuivre.

GASPRE POUSSIN. N.º 47, gravé, t. 1.

242. Un Paysage; sur toile.

LE GUERCHIN, N.º 111, gravé, t. 1.

243. La Vierge donnant à une Religieuse le cordon de son ordre; composition de treize figures; sur toile.

GERARD DE LAIRESSE. N.º 162, gravé, t. 2.

244. Un sacrifice à Cérès, riche composition de treize figures; sur toile.

LE GUIDE. N.º 88, gravé, t. 1.

245. Loth et ses Filles, grandeur naturelle, vus en pied, sur toile.

ANTOINE VANDICK. N.º 146, gravé, t. 2.

246. Un Portrait de Guerrier, vu à mi-corps; sur toile.

LE DOMINICAIN. N.º 108, gravé, t. 1.

247. Un Paysage enrichi de figures; sur toile.

ALONZO CANO. N.º 141, gravé, t. 2.

248. Saint Antoine recevant l'Enfant de la Vierge; sur toile,

JACQUES CAVEDON. N.º 92, gravé, t. 1.

249. Noé, Cham et Japhet; sur toile.

SALVATOR ROSA. N.º 122, gravé, t. 2.

250. Un Paysage, orné de figures; sur toile.

POLIDOR CALDARA ou LE CARAVAGE, N.os 63, 64, 65, 66, gravés, t. 1.

251. Quatre traits de l'histoire de Psyché; sur toile.

ANTOINE CANALETTO. N.º 39, gravé, t. 1.

252. Vue d'une place de Venise; sur toile.

LE TITIEN. N.º 17, gravé, t. 1.

253. Un Commandeur de Calatrava, vu jusqu'aux genoux; sur toile.

JACQUES TINTORET. N.º 26, gravé, t. 1.

254. Le Miracle d'un Saint; le petit du Musée.

CARLO DOLCI. N.º 14, gravé, t. 1.

255. Le Christ portant sa croix; sur toile.

PIETRE DE CORTONE. N.º 11, gravé, t. 1.

256. S. Jérôme en prière, avec gloire d'Anges, ovale; sur cuivre.

Don DIEGO VELASQUEZ. N.º 130, gravé, t. 2.

257. Un portrait en pied, dit de Cromwel; sur toile.

ESTEBAN MURILLO, N.ºˢ 136, 137, gravés, t. 2.

258. Deux tableaux, l'un le Muletier, l'autre la Vendeuse d'eau, sur toile.

M. FABRE. N.º 178, gravé, t. 2.

259. Ulysse et Néoptolème, fils d'Achille, enlevant à Philoctète les flèches d'Hercule.

BARTHÉLEMI DE SAINT-MARC. N.º 3, gravé, t. 1.

260. La Vierge, sainte Anne et le Sauveur; sur toile.

ANNIBAL CARACHE. N.ºˢ 80 et 81, gravés, t. 1.

261. Le Triomphe de Vénus sur les eaux, et l'Aurore enlevant le jeune Titon; au crayon noir et blanc sur papier.

FIN.